漫畫三十六計 下

洋洋兔 編繪

新雅文化事業有限公司
www.sunya.com.hk

　　《三十六計》又稱《三十六策》，是一部專論謀略的兵書。「三十六計」一語，最早見於《南齊書·王敬則傳》，而成書的準確年代和作者至今難以考證。

　　全書分勝戰計、敵戰計、攻戰計、混戰計、並戰計和敗戰計共六套計。前三套是處於優勢時所用，後三套是處於劣勢時所用。每套包含六計，總共三十六計。三十六計的計名，有的採自歷史典故，如圍魏救趙、暗度陳倉等；有的源自古兵書術語，如以逸待勞、聲東擊西等；有的出自古代詩句，如李代桃僵、擒賊擒王等；有的則借用成語，如金蟬脫殼、偷樑換柱等。《三十六計》堪稱「益智之薈萃，謀略之大成」，其中蘊含着豐富的哲理和無窮的智慧，不僅廣泛運用於軍事鬥爭中，也常用於政治、經濟、外交等方面，對於一個人如何走向成功也具有很好的啟示。

　　本書保留了《三十六計》原文，並提供詳盡通俗的解釋。此外，針對每一計的特點，本書精選了古代典型的戰例，用通俗流暢的故事情節，幽默精美的漫畫畫面，將其中的哲理和智慧凸顯出來，使讀者在輕鬆閱讀的同時，深刻領會《三十六計》中的超凡智慧。

致小讀者

　　親愛的小讀者們，也許沒有什麼比成為一名將軍更加讓你們興奮的了。但是要做一名將軍，你們就必須閱讀這部著作——《三十六計》。

　　《三十六計》是中國兵書的經典著作之一，雖然在明清時期才最終成書，但是作用卻不可低估，因為書中的每一條計策都是血與火錘煉成的經驗，是無數人用生命實踐和驗證過的。小朋友閱讀之後，能夠學習到面對強敵的勇氣和克敵制勝的智慧。

　　不過，現在小朋友要讀懂中國經典名著的原文還是太困難了，因此我們出版了一系列漫畫書。漫畫書是奉獻給孩子們最好的閱讀形式。在中國明朝的時候，有一個很有作為的大臣，為了教會一個小皇帝一些做皇帝的才能，就曾經為他編寫過一套類似於漫畫的圖書——《帝鑒圖説》。偉大的文學家魯迅先生小時候也曾經對一本漫畫形式的《山海經》愛不釋手。

　　除了《漫畫三十六計》系列外，我們還出版了《漫畫封神榜》系列、《漫畫西遊》系列和《漫畫三國》系列。將中國經典名著的精彩內容和生動的畫面相結合，相信你們一定能夠從中獲取很多。希望你們能夠從這些系列中，輕鬆認識經典名著。

目錄

第五套
並戰計

第二十五計	偷樑換柱	8
第二十六計	指桑罵槐	20
第二十七計	假癡不癲	32
第二十八計	上屋抽梯	45
第二十九計	樹上開花	56
第三十計	反客為主	67

第六套
敗戰計

第三十一計	美人計	80
第三十二計	空城計	92
第三十三計	反間計	104
第三十四計	苦肉計	115
第三十五計	連環計	127
第三十六計	走為上	139

第五套

並戰計

❖ 第二十五計　偷樑換柱

❖ 第二十六計　指桑罵槐

❖ 第二十七計　假癡不癲

❖ 第二十八計　上屋抽梯

❖ 第二十九計　樹上開花

❖ 第三十計　　反客為主

偷樑
換柱

❖【原文】頻更其陣，抽其勁旅①，待其自敗，而後乘
之。曳其輪也②。

❖【解析】① 勁旅：精銳部隊、主力部隊。 ② 曳其輪也：
曳，拖住。意思是只要拖住了車輪，便能控制車
的運行。

不斷使敵方變動陣勢，暗中調開敵方的強勁兵
力，等待他們自行衰弱，然後乘勢控制他們。這
就像拖住了車輪，也就控制了大車的運行一樣。

❖【案例】秦始皇病危時，留下的遺詔是命長子扶蘇迅速回
咸陽主持喪事，托孤的對象是丞相李斯。但奸臣
趙高為了自己的利益，就偽造了一份遺詔，立自
己扶持的幼皇子胡亥為太子，並逼扶蘇自殺……

李斯　原為楚國人，後入秦國為相，幫助秦始皇加強了秦朝的統治。

秦始皇　嬴政，在位期間消滅了六國，統一天下，建立了中國第一個集權制的王朝——秦朝。自封為「始皇帝」。

趙高　秦始皇的近臣，秦始皇去世後，擁立胡亥繼承皇位。

胡亥　秦始皇的幼子，公子扶蘇的弟弟，在李斯和趙高的幫助下登基為帝，史稱「秦二世」。

扶蘇　秦始皇的長子，本為皇位繼承人，後中了胡亥之計，自刎而死。

李斯

趙高

秦始皇稱帝後，宮廷內存在兩大政治集團，代表人物分別是將軍蒙恬輔佐的長子扶蘇和宦官趙高輔佐的公子胡亥。

蒙將軍果然教導有方！

秦始皇

長子扶蘇

蒙恬

哼！

幼子胡亥

他只是年幼好玩……

看你把他寵壞！

扶蘇恭順好仁，為人正派，我欲立他為太子，你們沒有意見吧？

謝父皇！

陛下英明！

立太子是國家大事，不如等陛下南巡回來再做商議。

那好吧。

父皇南巡，我也要去！

好吧。那扶蘇和蒙恬去修長城吧！

胡亥

公元前210年，秦始皇第五次南巡。

秦

陛下，你沒事吧？

咳！咳！

秦始皇在途中病重……

快，把丞相李斯叫來。

陛下有什麼事吩咐我好了。

叫李斯來！

哼，安排後事這種大事居然不讓我插手。

陛下，臣來了！

李斯

你先出去。

不是，是扶蘇。

陛下平時最寵胡亥，應該立的是他才對啊！

這我可聽得清楚！

現在發喪，政局必然動盪，不如等我們回去之後再詔告天下。你先把信給皇子扶蘇送去。

你不能看！

這個先給我看看？

事關重大，希望你好好考慮。

胡亥

你想讓我違背父皇的詔命，奪皇位？！

古往今來殺君奪位的有很多，現在大好時機就在眼前，如果猶豫不決，將來一定會後悔啊！

就交給我來辦！

丞相那邊……

信送到了嗎？

啊，我都忘記了！

什麼忘了？

立誰為太子，這種事我和你就可以決定吧。

陛下早就決定了啊！

如果扶蘇做了皇帝，一定會重用蒙恬，到那個時候，丞相的位置你還能坐得穩嗎？

這……

如果是胡亥即位，憑他的頭腦，國家大事還不是都得交給你來處理？

但是……假造遺詔是死罪啊……

一切都由我來辦，你只當不知道便是了。

我來擬定遺詔立胡亥為太子，立刻發布！另外寫封信給扶蘇……

好吧。

15

你居然把玉璽也藏了起來！

父皇啊！！

聖旨到，賜公子扶蘇和蒙恬將軍一死……

公子，別衝動！事情真相還不清楚！

聖旨上有陛下的玉璽印，你們自己看吧！

父皇命兒子去死，我不能違抗！

公子啊！

你想違抗嗎？

我知道這都是趙高的陰謀詭計！

來啊，把蒙恬抓起來，交付法吏！

趙高，你不得好死！！

陛下你年紀還小，你看朝中大事是不是交給……

原來當皇帝這麼好玩，以後什麼事情都由我來處理！

趙高未用一兵一卒，只用偷樑換柱的手段，就把昏庸無能的胡亥立為皇帝，為自己今後的專權打下了基礎，也為秦朝的滅亡埋下了禍根。

　　古代行軍作戰講究陣式，一般按東、西、南、北方位部署，陣中有「天橫」，首尾相對，是陣的大樑；「地軸」在陣中央，是陣的支柱。樑和柱都是部隊的主力。因此，只要仔細觀察敵陣，就能發現敵軍部署的主力，應當派出己方的部隊去取代它的樑柱。如果與友軍聯合作戰，要不斷變動友軍的陣容，暗中更換其主力，再吞併友軍部隊。這是攻擊敵軍的首要戰略。

　　趙高未動一兵一卒，把胡亥立為皇帝，在政治權術上成功運用了「偷樑換柱」的策略。他說服李斯是為了從根本上削弱扶蘇一方的勢力。由此可見，在實際生活中，此計謀不限於行軍調將，不僅東西可以掉包，人也可以掉包，從中削弱對方的實力。

指鹿為馬

看了這個故事，我們都知道趙高立昏庸的胡亥為皇帝，不外乎是想日後獨攬大權。可是，你們知道嗎？趙高為了達到徹底專權的目的，竟然策劃了一宗遺臭萬年的歷史事件。

公元前207年，一次朝會，趙高牽着一頭鹿走進朝堂上。他對胡亥説自己得到了這匹良馬。胡亥聽了忍不住咯咯咯地笑起來，説：「丞相，別開玩笑了，你怎麼能把鹿説成是馬呢？」但趙高依然堅持説那是一匹馬。到底趙高葫蘆裏賣的是什麼藥呢？在場的大臣們心裏都在打鼓，當趙高問眾大臣眼前的是馬還是鹿時，有些懼怕趙高權勢的大臣便附和着説是馬，還有一些人裝聾作啞，不吭聲，當然也有一些誠實的大臣説是鹿。最後，那些説是鹿的人都被害死了，而説鹿是馬的人都得到趙高賞識。這就是成語「指鹿為馬」的由來。

後來，胡亥在趙高的逼迫下，抽劍自刎。就這樣，僅當了三年皇帝的胡亥，最終卻落得死於寵臣趙高之手的下場。

指桑罵槐

❖【原文】 大凌①小者，警②以誘之。剛中而應，行險而順。

❖【解析】 ①：凌駕、控制。② 警：警戒，這裏指使用警戒的方法。

憑借強大的實力去控制弱小者，需要用警戒的方法去進行誘導。威嚴適當，可以獲得擁護。手段高明，可以使人順服。

❖【案例】 春秋時期，齊景公任田穰苴為大將，為了牽制他的權力，又任莊賈為監軍，但這種做法會導致軍權分散，不利於戰爭。於是，田穰苴在莊賈違犯軍令多次遲到時，不由分説地將其斬首，一方面警告將士們不要違犯軍令，另一方面也警告齊景公不要隨便干涉軍務……

齊景公

春秋後期的齊國國君，
在位期間任用了晏嬰、
田穰苴等賢臣良將。

田穰苴

齊國的著名軍事家，曾率
軍成功擊退晉、燕入侵。

莊賈

齊景公的寵臣，後因
違犯軍紀被田穰苴就
地正法。

田穰苴

莊賈

春秋時期，齊景公任田穰苴為將，帶兵政打晉、燕聯軍。

我們？

這次出兵全靠你們了。

齊景公

齊景公真不好意思，我來遲一步。

大王召見，你竟敢遲到？！

沒事沒事，我已經習慣他這樣了。

田穰苴，你為大將。莊賈，你做監軍。

是！

這樣只怕權力不集中，難以指揮士兵們……

大王只是想讓我去見見世面，萬事都聽田將軍的好了。

好，那我們明天正午在營門集合，希望你不要遲到。

一定，一定。

我已經派人催促了幾次，莊賈怎麼還不來？

這個莊大人是大王的寵臣，平時懶散慣了。

再派人去給我催！

監軍，你不是和大將軍約好了正午在營門集合的嗎？

再來一杯？好，再來一杯！

．．．．．．．．．

呵呵，看吧，正午，是正午！

將軍，區區小事，不用這麼認真吧。

哼！

你不要着急啦，我這次出征，親戚朋友都來為我設宴餞行，我總得應酬應酬吧？

你身為朝廷大臣，肩負監軍重任，怎麼能因家中小事而誤了國家大事？

將軍，這也不用如此動怒……

那好，軍法官！

在！

該斬！

無故耽誤了時間，按照軍法該如何處罰？

25

好，把他拿下！

什麼？怎麼如此認真啦？

莊監軍可是大王的親信啊……

軍法面前哪容得私情？拿下！

快去叫大王救我！

大王不會讓你殺我的！

沒錯，但是你就是沒有時間觀念。

怎麼說？

大王的使者趕來時，你早就被軍法處置了。

你！

斬！

大王！不好了！田將軍要處決莊大人！

快，你駕我的馬車趕過去，讓他刀下留人！沒了莊賈，我可是吃不下飯啊！

是！

大王有令……

哎呀！

砰！

大王要你不得殺莊賈……

莊賈已被軍法處置。

啊？你……

27

好，好厲害……

請轉告大王，將在外，君命有所不受！

還好我當時不在馬車裏……

現在聽我將令！

田穰苴借此整頓了軍紀，後來為國家打了不少勝仗。

　　田穰苴採用「指桑罵槐」的手段，先處治莊賈這個違犯軍令的小人，藉此警告軍隊中的所有將士；然後處治齊景公派來的干涉軍務的使臣，以警告滿朝文武和王族。有了這樣的警告，沒有人再敢違犯軍令，他自然就能夠調教出一支軍紀嚴明的強大軍隊了。

　　運用「指桑罵槐」這個計謀的關鍵在於：

　　其一，在治軍方面，必須做到令行禁止，法令嚴明。有時採用「殺雞儆猴」的方法，抓住軍中某些人的典型過失，從嚴處理，就可以警告那些不相服自己指揮的人，震懾全軍將士。

　　其二，選取的懲罰對象，其過失應具有普遍性，懲罰的方式不能過於客氣，也不能殺氣太重。

齊晉投壺

公元前530年，晉昭公即位，齊景公前去祝賀。宴會中，有一個投壺遊戲，齊景公讓晉昭公先投，晉國的行吳説：「我們的酒像淮河水一樣多，肉像水中高地一樣豐富，如果晉君投中，那麼晉國做統帥。」晉昭公一下投中了。其實，投壺本來是遊戲，而晉國卻把它當成爭霸的籌碼，以此壓齊國。齊景公拿過箭説：「齊國的酒像澠水一樣多，肉像山嶺一樣豐富，如若投中這支箭，代替晉君而強盛。」話音剛落，便投中了。

在這次宴會上的較量中，齊景公不卑不亢，有理有節地維護了齊國的地位，也充分體現了他過人的才智和政治抱負。齊景公之所以敢向晉昭公挑戰，是因為他的背後有日益強大的齊國。

假癡不癲

❖【原文】寧偽作①不知不為，不偽作假知妄為。靜不露機②，雲雷屯也。

❖【解析】①：偽作：假裝、佯裝。② 靜不露機：靜，平靜、沉靜。機，這裏指心機。

寧可裝作糊塗無所作為，也不自作聰明輕舉妄動。表面上一點也不露聲色，就像雲層蘊藏着雷霆，蓄勢待發。

❖【案例】孫臏和龐涓都是鬼谷子的門生，孫臏勤奮好學，而龐涓嚮往名利，未出師就去魏國做了大將。後來，墨子的門生禽滑釐欣賞孫臏，就向魏王推薦他。魏王讓龐涓寫信請孫臏來魏國，但龐涓害怕自己的風頭被孫臏搶走，於是設計陷害孫臏。孫臏在魏國身受重刑，只能靠裝瘋賣傻矇騙龐涓。隨後，他在禽滑釐的幫助下逃出魏國，並受到了齊王的重用。

龐涓

魏國大將，與孫臏是同學，率魏國大軍包圍趙國邯鄲，後被齊軍伏擊，兵敗自殺。

魏惠王

魏國第三代國君，在位期間重用龐涓為大將，在被齊國打敗後，魏國實力大減。

孫臏

孫武的後代，曾與龐涓為同窗。師從鬼谷子學習兵法，受龐涓妒忌陷害，遭受臏刑。

龐涓

孫臏

戰國時期，魏惠王拜龐涓為大將。

我打算廣招賢士，龐將軍有沒有要推薦的人？

沒有。

魏惠王

聽說你有個同學叫孫臏，他是個軍事天才，你為什麼不招攬他過來呢？

他是齊國人，恐怕……

只要他有真才實學就行，你寫信把他請來吧。

是……

唉，又多了一個競爭對手！

師兄，好久不見，我很想你呢！

師弟！

來來來，我有事想向先生討教。

孫臏的才能本在我之上，再討教下去就要取代我的位置了！

我想封先生為副軍師，與龐將軍同掌兵權，你意下如何？

我學識有限，做客卿就可以了。

?!

還好……

聽說你的叔伯、哥哥寫信給你，難道你不想念他們嗎？

想念啊，我差點把他們忘了，正好回去看看。

半年以後，龐涓設計陷害孫臏……

我去和大王說，讓你回家探親怎麼樣？

那太好了！

35

孫臏以探親的名義私通齊國，要回去幫他們來對付魏國啊！

什麼？我如此厚待他，他居然忘恩負義！

這是他的家書。

偽造的

給我抓起來，把他押到你的將軍府問罪！

大王盛怒，判兄死罪。我苦苦哀求，才免你一死，但是他要剜掉你的膝蓋骨並在臉上刺字。

冤枉啊！

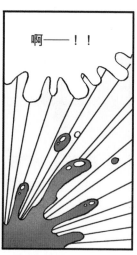

啊——！！

師兄今後不能為官了，就做個學者，在這裏安心寫兵書吧。

嗯，我要把家傳的《孫子兵法》十三篇寫出來……

有了這本兵法我就天下無敵了。

孫先生如此廢寢忘餐，能否求龐將軍讓他休息幾天？

你知道什麼！龐將軍只等孫臏寫完兵書，就要餓死他呢！哪還會讓他休息？

哦……

啊？原來是龐涓陷害孫先生的，這個無恥小人！

龐涓……

啊！

把孫臏給我扔到豬圈去！

我倒要看看他是否真的瘋了。

我就不信這樣你也能忍。

蒼蠅妹妹，飛飛飛……

師兄啊，我給你帶了點好吃的。

我不吃這些垃圾。

那邊有高級酒家！

茅廁

那裏有好吃的！

茅廁

?!

噁——

來，趁熱吃啊！

💀!!

瘋子！

龐將軍，孫臏是真的傻了，把食物當垃圾，把糞便當美食！

把他給我扔到街上去。派人日夜監視！

一隻龐涓，兩隻龐涓……

孫臏的老友禽滑釐聽說此事，前來探視他。

一隻禽滑釐，兩隻禽滑釐……

孫先生還記得我嗎？我是你的老朋友禽滑釐啊！

看來孫臏是真的瘋了⋯⋯

禽滑釐?!

啊,我就感覺你沒有瘋⋯⋯

不好意思,裝太久,習慣了。

小心,有人監視!

一隻士兵,兩隻士兵⋯⋯

我已經把你的冤屈告訴了齊王,齊王讓我來想辦法幫你逃走。

我本以為遲早要死在這裏了。

41

第一天：豬圈；
第二天：馬棚；
第三天：大街……

監視孫臏記錄

孫臏在禽滑釐的幫助下順利逃到了齊國。

看來孫臏是真的瘋了。

第××天：出城。

噗！

出城？！

孫臏受到齊國重用，多年後，他帶兵與龐涓對決……

龐涓輕敵中了埋伏。

果然是你這個可惡的瘸子！

龐涓，還不束手就擒？！

我要是投降，你們會放過我嗎？

當初就是你陷害我們軍師的。饒你一命也可以，不過，你要嘗嘗臏刑！

我不要做「龐臏」……

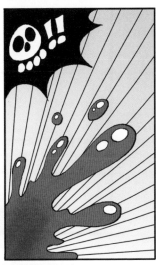

孫臏被陷害後，沒有與龐涓進行正面衝突，而是抓住龐涓盲目自大的弱點，用裝瘋賣傻，忍氣吞聲，使敵人放鬆警戒，成功逃脫。孫臏在這場「戰爭」中忍辱負重，最終在馬陵之戰中報仇雪恨。

運用「假癡不癲」這個計謀的關鍵在於：

其一，使用此計的人，表面上看來瘋癲，實際上心裏目標清晰。用計者能把握事情的發展方向，待時機成熟，再出其不意地發動攻勢，掌握主動權。

其二，在不可能戰勝對手的情況下，可採用此計以求個人生命的安全。

其三，在軍事上不露鋒芒，顯得軟弱可欺，藉此讓敵人鬆懈，然後伺機進攻，令敵人措手不及。

上屋抽梯

❖【原文】假①之以便②，唆③之使前，斷其援應，陷之死地④。遇毒，位不當也。

❖【解析】① 假：假借。② 便：便利。③ 唆：唆使，這裏指引誘。④ 死地：中國古代兵法用語，指一種進則無路，退亦不能，非經死戰難以生存之境地。

故意給敵人某種可利用的方便條件，誘使他們盲目前進，然後再切斷他們的前方接應和後方支援，使他們陷入孤軍作戰的絕境。敵人貪圖不應得的利益，必遭禍患。

❖【案例】楚漢爭霸時，劉邦派韓信等將領率兩萬人馬攻打有二十萬人馬的趙王歇。韓信採用「置之死地而後生」的方法，將自己的部隊駐紮在河岸上。韓信的部隊沒有退路，於是背水一戰，奮勇殺敵，大敗敵人。

趙王歇

秦末趙國的宗室，秦朝滅亡後被陳餘奉立為趙王，後在井陘之戰中敗於漢軍。

陳餘

曾與張耳一同參加陳勝、吳廣領導的起義，後擁立趙歇為趙王。

韓信

西漢開國功臣，善於帶兵打仗，後受劉邦猜忌，以謀反罪名被誘殺。

張耳

原與陳餘是至交好友，後來關係交惡，轉而投靠劉邦。

楚漢爭霸時，劉邦命令韓信、張耳率兩萬精兵
攻打趙王歇。

韓信

山清水秀，真是好地方啊。

唉！敵軍二十萬，他還有心情賞風景。

井陘口

劉

張耳

趙

呵呵，劉邦要拿雞蛋來碰石頭嗎？

我們有二十萬人馬，何懼韓信、張耳？

趙王歇

將軍陳餘

我們可以派兵圍堵漢軍，再抄小路切斷他們的……

呵呵，他們只有兩萬人馬，我們犯不上用這種計策。

謀士

我們要與漢軍正面作戰，贏了也光彩。

二十萬打兩萬怎麼贏也不光彩啊……

準備，作戰！

該怎麼辦？

嘩，果然人馬眾多。

撤！

我們這是幹什麼來了？

我們要追嗎？

哈哈，不急追！他退去了河邊，等於自尋死路！

好，就在這裏安營紮寨。

大將軍，我們離河只有十里了。

49

那就比較難辦了。

不是難辦，是死定了！

第二天，計劃順利進行。

殺啊！

殺啊！韓信，我看你這回往哪裏跑！

撤！

給我追，一定要殲滅韓信的部隊！

趙軍營裏果然空了，我們上！

有人偷襲？！

嘿！

張耳順利攻取了趙營，但韓信的部隊卻被追到了一條大河邊……

誰有《游泳速成指南》？

無處可逃了。

前面是滔滔河水，後面是二十萬追擊的敵軍，我們已經沒有退路了……

怎麼辦？

背水一戰，我們擊潰追兵尚有生路，敗了就只有死路一條！

對！拚了！

他們已經沒有鬥志了吧！

想投河自盡了嗎？

你說什麼?!

他們怎麼變得這麼勇猛？

殺啊！

快，快撤！

不好了，我們的大本營被漢軍攻佔了！

天靈靈，地靈靈，韓信千萬別出事……

無路可走了！

好險……

報！韓信將軍那邊也成功了！

好，殺出去與韓信兩面夾擊！

啊……

趙軍二十萬人馬全軍覆沒。

這一仗真是兇險啊！

背水一戰，絕處逢生，這一仗取得勝利，士氣大振啊！

　　人們在走投無路的時候，往往能激發出難以想像的潛能，韓信正是利用了這一點，「置之死地而後生」。他的高明之處在於，不僅把自己部隊的「梯子」抽掉，還抽掉了趙王歇的部隊撤退的「梯子」。兩軍對壘，士氣尤為重要，趙王歇的部隊被韓信調動，在反覆追擊之下喪失了警惕和信心，而韓信的士兵卻變得鬥志旺盛，所以最後的一場戰鬥雖然兵力懸殊並且相當兇險，但勝負實際上已經沒有懸念了。

　　運用「上屋抽梯」這個計謀的關鍵在於：

　　其一，暗示或明示對方可由梯子安全上下，而且「上屋」之後能獲得極大的利益。這樣，即使再精明的人也會中計。

　　其二，安放梯子的技巧大有學問。對性貪之敵，則以利誘之；對情驕之敵，則示我方之弱以惑之；對莽撞無謀之敵，則設下埋伏以使其中計。

　　其三，「抽梯」之後應巧妙善後。要考慮自己的需要及對方的實力、地位，相機而動。否則，可能把自己送上絕路。

樹上開花

❖【原文】借局布勢，力小勢大。鴻漸於陸，其羽可用為儀也。

❖【解析】利用人家的局勢，布置有利於我方的陣勢，雖然兵力不多，卻能發揮很大的威力，使本來力量小的部隊變得聲勢浩大。就像鴻雁在高空飛翔，全憑其豐滿的羽翼助長氣勢。

❖【案例】三國初期，劉備在一次戰役中敗給了曹操，只得帶軍民撤退。曹操一路追趕，張飛自告奮勇去斷後。他讓士兵在馬尾巴上捆上樹枝來回奔跑，揚起煙塵，讓敵人以為樹林中埋伏着無數士兵……最後，曹軍被疑兵以及張飛的一聲怒吼嚇得狼狠撤離。

劉備

三國時期蜀漢的開國皇帝，任用諸葛亮為相，死後被稱為「先主」。

曹操

三國中魏國的實際開創者，在位時未稱帝，後被其子曹丕追封為「魏武帝」。

張飛

三國時期蜀漢名將，善於奇襲，性格爽直而富有謀略，曾以擺疑兵嚇退曹操數千虎豹騎。

劉備

張飛

東漢末年，劉備兵敗，被曹操追殺。劉備只能帶着己方軍民撤退。

你們這些老百姓，走得這麼慢，就別跟來啊！

我們寧可和劉使君一起死，也不要落到曹操手裏。

別咒我大哥！

曹操大軍追上來了！

其他的人不是戰死了，就是走丟了。

算了，照樣上！

這不是去送死嗎⋯⋯

就我們二十幾個，要和他們硬拼嗎？

雖然我是有點魯莽了，但我並不傻！

長坂橋

我想到一個妙計！

你們去折些樹枝綁在馬尾巴上，在樹林裏往來奔跑！

原來是疑兵之計啊！

這都被你們看出來了？那還騙得過曹操嗎⋯⋯

夏侯傑首先帶兵追擊。

要活捉劉備啊！

前面橋上有個人，樹林裏煙塵四起，好像埋伏了很多兵馬！

嗯，紛亂的馬蹄聲。大家先不要輕舉妄動。

將軍真厲害！

論聽力，我方百萬大軍中，沒一個勝得過我。

夏侯傑來到橋前偵察……

這名守將是……

嗯？

別靠近，等丞相來了再說！

為什麼不追了？

長坂橋上有一名猛將攔路，後面疑有伏兵。

曹操

劉備已經窮途末路，哪裏來的伏兵？

橋上是何人啊？

我乃燕人張翼德也！誰敢與我決一死戰？！

恐懼指數已達50%

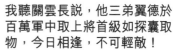

我聽關雲長說，他三弟翼德於百萬軍中取上將首級如探囊取物，今日相逢，不可輕敵！

那林中伏兵是真是假呢？

對啊！

我聽說張飛有勇無謀，是一個笨蛋，應該不會用假伏兵這樣的計策。

有理，那伏兵該是真的。

我乃燕人張翼德也！誰敢與我決一死戰？！

恐懼指數：99%

果真是虎將啊！

我乃燕人張翼德也！誰敢與我決一死戰?!

我真後悔……
聽這麼清楚……

快，撤！

哈哈哈哈……

從此，張飛威名遠播。

多虧了翼德打退
追兵，保住了大
家的性命！

我是用計嚇跑
他們的。

曹操退了就好，你完全
用不着說謊啊！

我真的用計了！！

　　張飛運用「樹上開花」的計策，為己方擋住了追兵，立了一大功。他並沒帶多少士兵，但他利用天然資源——樹林，虛張聲勢；用樹枝帶起煙塵，製造假象，讓敵軍以為樹林中埋伏着百萬雄師。這就是利用外部因素，為己方造聲勢的計謀。曹操果然中計，停止了對劉備軍民的追擊。

　　運用「樹上開花」這個計謀的關鍵在於：

　　其一，此計的關鍵是在戰爭中借助各種因素，為自己壯大聲勢。

　　其二，如何「開花」是一個技巧，要盡量做到水到渠成，而且又引人注目，才能更有勝算。

反客
為主

❖【原文】乘隙插足，扼其主機①，漸之進也。

❖【解析】① 主機：關鍵之外，即首腦機關。

利用對方的空隙、疏漏，深入敵人內部，最後掌
握其首腦機關或者關鍵之處，行動必須循序漸
進。

❖【案例】春秋時，宋國攻打小國戴國，戴國向鄭國求救。
鄭莊公也對戴國虎視眈眈，他先派人假裝援助戴
國，大大方方地將戴國的軍隊兼併到鄭國的軍隊
中；隨後又把守城任務交給了自己的將領。於
是，戴國完全落入了鄭國的控制，輕易地被佔領
了⋯⋯

鄭莊公

春秋時期鄭國第三位國君，曾多次打敗其他國家，在位期間使得鄭國空前強大。

宋殤公

宋國第十五位國君，生性好戰，後被太宰華督所殺。

孔父嘉

宋國大臣，曾受命擁立宋殤公繼位，後被太宰華督所殺。

春秋時期，宋國準備派兵攻打鄭國。

今年我們攻打的目標是鄭國！

士卒連年征戰疲憊不堪，為什麼我們還要出兵呢？

不打怎麼能稱霸中原啊！

戰爭狂人

鄭國國力強盛，恐怕……

打不過沒事，反正你去打就行了！

是……

唉，國君有命，不得不打。

我們這不是送死嗎？

如果非要打仗不可，我們可以去攻打弱一點的國家吧？

不錯！打贏弱國，比被強國打敗好多了。

宋軍撤走了，一定是想去打弱小的戴國。

戴國一向依附於我們，地盤就是都城，除此以外幾乎沒有領地，怕是支撐不了多久。我們要不要去救援呢？

非但要救，還要「救」得徹底。

戴國

宋

宋

戴

戴君，我們是來借道的！

當我是傻子嗎？不借！

宋軍借路是假，攻城才是真。

可是，以我們的兵力不夠和他們拼啊。

我已經派人去請鄭國出兵救援，不怕打不過他們！

可惡，居然不上當！

殺羊慰勞將士，明天攻城！

救戴大軍

救戴大軍

公子呂

鄭公派你來救援嗎？太好啦！

你戴國一向依附於我國，我國怎麼能袖手旁觀呢？

快請進，快請進！

嘿嘿！！

第二天。

上啊！一舉攻下戴國！

這是戴國嗎？

將軍還想攻城嗎？

鄭兵！怎麼會在城裏面……

呵呵，多謝將軍費力，我們已經拿下戴國的都城了。

哎呀！我怎麼反倒讓鄭國佔了便宜！快撤！

宋軍來時氣勢洶洶，怎麼這就跑了？

呸！你一個亡國之君，還在那兒囂張什麼！

啊？

宋軍既然已經退了，那我們也告辭了。

遠道而來是客，不再多住幾天嗎？

多住幾天？好，那就多住幾天吧。

我只是客氣客氣嘛！

啊？

我既然留下來了，那你也可以去休息了。

既然宋軍已退，那城上的旗子是不是該換回來了？

不必急換。

我看還是換一下吧！

現在整座城都在我鄭國的控制之中，戴國已經姓鄭了！

啊？我真是引狼入室啊！

來人，拿下！

這次一仗都沒打，回去又要受罰了。

鄭國來佔領戴國，國內空虛，我們現在可以再去打鄭國！

那就隨便去打一下吧。

稍微認真點！

衝……

衝啊！！

公子呂從戴國帶着人馬回來了，我們腹背受敵！

啊？

還好，還好……

聽說你們這一仗打得驚心動魄啊！

好！我們下一個目標是……

這就是鄭莊公使用的「反客為主」計。

　　鄭莊公先派公子呂假意援助戴國，戴國國君毫無戒備心的情況下，將戴國的軍隊主力兼併到鄭國的軍隊中，使戴國失去了軍事防禦能力，然後再把守城的重任交給鄭國的將領，使戴國在無形之中便落入了鄭軍的控制之下。最後，公子呂就乘勢趕走了戴國國君，佔領了戴國。

　　運用「反客為主」這個計謀的關鍵在於：

　　其一，想辦法乘隙鑽營投機，抓住有利時機，兼併或者控制他人。這往往是借援助盟友的機會，先站穩腳跟，然後慢慢地取而代之。

　　其二，「反客為主」計需要和其他的計謀配合使用，比如「美人計」、「假癡不癲」、「調虎離山」等，想法子把主動權握在自己手中。

楚成王巧奪盟主之位

　　春秋時，宋襄公平定齊國內亂後，想要稱霸。他先約幾個小國盟會，第二年，又召集齊、楚盟會。楚成王對宋襄公十分不滿，但為了給他還以顏色，竟答應參加盟會。宋公子目夷對襄公進諫道：「楚成王答應會盟，其中有詐，君王你一定要嚴加防範。」襄公怒色道：「找以仁義、守信為準則，作為主盟者，如果違反同盟規定，叫我以後怎麼見人呢？」

　　宋襄公沒有聽從目夷的良諫，簡裝前去赴會。楚成王事先安排一千名兵士假裝文客，尾隨而行。等到諸侯國國君一起拜壇會盟時，楚成王一聲號令，一千兵士脫掉罩衣，露出全身作戰鎧甲，拿出暗藏的刀劍從兩旁殺出，在場的君主們驚恐萬分。楚成王下令捉住宋襄公，列數其罪狀，奪了他的盟主之位。眾諸侯膽顫心驚，不敢吭聲。後來，宋大夫公孫固和公子目夷設計，迫使楚成王釋放了宋襄公。

第六套
敗戰計

❖ 第三十一計　美人計

❖ 第三十二計　空城計

❖ 第三十三計　反間計

❖ 第三十四計　苦肉計

❖ 第三十五計　連環計

❖ 第三十六計　走為上

美人計

❖【原文】兵強者，攻其將；將智者，伐其情。將弱兵
　　　　頹，其勢自萎。利用御寇，順相保也。

❖【解析】對兵力強大的敵人要設法打擊其將領；對足智多
　　　　謀的將領，要想辦法使其鬥志衰落。將領的鬥志
　　　　衰落，整個部隊的戰鬥力也就自然下降了。利用
　　　　敵人的弱點進行控制和分化瓦解，就可以保存自
　　　　己，扭轉局勢。

❖【案例】春秋時期，吳越爭霸，吳國戰敗，吳王闔閭死於
　　　　戰亂。他的兒子夫差即位後，一鼓作氣打敗了越
　　　　國，並讓越王勾踐親自伺候自己……勾踐忍辱負
　　　　重，回國後，臥薪嘗膽，壯大越國，並向吳王進
　　　　貢美女，以消磨吳王鬥志。吳王夫差從此變得驕
　　　　奢淫逸，不思進取，終遭滅國……

西施

春秋時期越國美女，越國被吳國打敗後，曾被送給吳王夫差。

鄭旦

春秋時期越國美女，和西施一起被送給夫差。

夫差

吳國國君，即位之初勵精圖治，打敗了世仇越國，後期驕傲自滿，窮兵黷武，被越王勾踐滅國後，自縊而亡。

勾踐

越國國君，曾被迫到吳國做奴隸，回國後，臥薪嘗膽，最終打敗了吳國，並成為春秋時期最後一個霸主。

春秋時期吳越爭霸，越國戰敗，越王勾踐被俘。

西施

吳王夫差

鄭旦

吳國

勾踐

勾踐，辛苦嗎？

給大王打工，一點也不辛苦。

吳王夫差

哎呀！不好意思，剛去泥潭獵兔子了。

嘩，大王的腳印有霸王之相！

聞一聞，十年少啊！

是嗎？

嘗一嘗，滿口奇香。

哈哈哈哈哈！

大王，看來勾踐已經完全臣服。

嗯，不如打發他回國吧，免得在這裏浪費吳國糧食。

要是放你回去，你拿什麼來報答我？

年年向大王進獻珍奇珠寶，傾舉國之力助大王稱霸中原！

好！好！你回去吧！

慢着，勾踐萬萬放不得！

伍子胥

你多慮了，這次就聽我的吧。

唉！

越國

大王辛苦了,先好好吃一頓,再睡個好覺吧!

大臣范蠡

你給我拿幾個蛇膽來,再準備幾捆柴給我睡覺用。

大王真可憐,都被吳王折磨得神志不清了。

臥薪嘗膽

勾踐,你會忘記在吳國的恥辱嗎?!

原來大王是想鞭策自己,復國雪恥!

吳國強大,靠武力越國不能取勝。

臣有一計……高飛之鳥,死於美食;深淵之魚,死於芳餌。要想復國雪恥,應投其所好,衰其鬥志,這樣,可置吳王夫差於死地。

嗯,我看夫差愛享樂,又好色,可先從他開始,逐步削弱吳國國力。

我知道兩位上好的人選!

這位名叫西施，這位名叫鄭旦，是我王獻給大王的禮物。

哈哈哈，替我謝謝勾踐……

大王，你忘了吳越是有仇的嗎？……

絕不敢忘！

很好，快快隨我去打理國事。

不要。

越國

大王，我們今年的糧食又增產了幾十萬石。

兵強馬壯，士氣高昂，總算苦盡甘來了。

西施你真美，把你的姐妹東施、南施、北施都叫來嘛。

天下大旱，我國如今民窮財盡，怨聲載道，大王怎麼還能貪戀女色！

相父你太嚴肅了，不要那麼緊張嘛！

吳國多年基業，怎能毀在這兩個妖精手上！

即使被冠上造反惡名，我也要救吳國！

伍子胥！你想造反嗎？

86

你自行了斷吧！

公元前482年。

越國

越

大王，吳國大旱，夫差率軍北上參加諸侯會盟。

好機會，伐吳！

吳國

越國勾踐帶着數十萬人馬正向我國進發！

哈哈，是來送貢品的嗎？

勾踐！你怎麼知道我國內兵力不濟？！

紅顏禍水啊！

我們是臥底

吳國已滅，你是自行了斷，還是給我擦地板？

我不聽伍子胥的話，真是吳國的千古罪人啊！

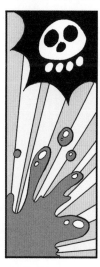

大仇已報，得已復國，大王終於可以吃點好的了。

呸，呸！真難吃。

給我拿一盤蛇膽來！

還吃上癮了……

滅吳後，越國稱霸中原。

越王用「美人計」，腐蝕敵方統帥的雄心，使其驕奢淫逸、萎靡不振，間接造成其戰爭、政治決策的失誤。吳國被滅，必然有深刻的政治經濟根源，不能片面地說是一兩個美女造成的，但不可否認的是，越王在對吳所施的各種謀略中，「美人計」是起了一定的作用的。

運用「美人計」這個計謀的關鍵在於：

其一，「美人計」的目標是利用人性的弱點來削弱對手的力量，這是正面交鋒無法達到的目的。

其二，迷惑敵方的統帥層人物，間接造成其決策的失誤，才能使「美人計」發揮更大威力。

勾踐臥薪嘗膽

你知道嗎？越國之所以能夠稱霸中原，還有一個重要的因素，那就是越王勾踐的霸主氣概。

在一次吳國與越國的交戰中，越國失敗，越王勾踐被抓到吳國，吳王為了羞辱勾踐，便派他去幹低下的苦工。儘管勾踐心裏非常不服氣，但還是裝出一副恭順的樣子，使自己贏得返回越國的機會。

勾踐回到越國後，立志一雪前恥，他擔心安逸的生活會消磨他的鬥志，便在吃飯的地方掛上一個苦膽，每次吃飯之前，都要先嘗一嘗苦味，還問自己：「你忘了會稽的恥辱嗎？」不僅如此，他睡覺時，撤去蓆子，睡在稻草堆上。這就是為人世代傳頌的勾踐「臥薪嘗膽」。

勾踐發憤圖強、勵精圖治。為了鼓勵生產，他親自下田耕種，讓夫人織布。他制定獎勵生育的政策，重用范蠡（粵音禮）、文種等賢人治理國家。全國的百姓都恨不得用盡自己所有力量，讓這個受欺壓的國家成為強國。後來，勾踐北上中原與諸侯會盟，成為春秋時期最後一位霸主，成就了一番偉業！

第三十二計

空城計

❖【原文】虛者虛之①，疑中生疑②；剛柔之際，奇而復奇。

❖【解析】① 虛者虛之：處於劣勢的軍隊面臨強敵，卻故意顯示虛弱。② 疑中生疑：疑陣中又布疑陣。

如果兵力虛弱，就故意顯示出更加虛弱的樣子，使敵方更加疑惑。在敵強我弱的情況下，運用這種策略會有奇效。

❖【案例】春秋時，楚國派兵攻打鄭國。鄭國臣子叔詹提出一計，不但不加強城內防禦，反而大開城門，派人在城門口掃地唱歌……楚軍懷疑城內有埋伏，躊躇不決，終於退兵。鄭國的危機自動解除了。

叔詹

鄭文公的弟弟，在晉、秦兩個大國圍攻鄭國時，自殺而亡。

鄭文公

鄭國國君，在位期間搖擺於晉、楚兩個大國之間。

公子元

楚文王的弟弟，為了獲得美人芳心，舉兵進攻鄭國。

春秋時期，楚文王死後，他的弟弟——楚國的令尹（宰相）公子元，一心想討好守寡的嫂子文夫人。

楚國

公子元：這是我特意採給你的。

文夫人：大丈夫應該把心思放在建立功業上。

憑我的能耐，想滅掉個國家易如反掌。

好，我等着你為楚國開疆拓土。

公子元率兵車六百乘逼近我國都，大王應迅速採取對策。

鄭國

大臣叔詹

我已經派人去講和了。

鄭文公

使者回來了。

公子元説……給再多的錢也不講和……

為什麼?!

他説一定要滅了鄭國,給他追求的文夫人看。

可惡!不怕為了錢的,就怕為了女人的!

既然這樣,不如拼死一戰!

國都兵力空虛,恐怕難以抵擋楚軍啊。

先生有沒有辦法解我國之危?

鄭國和齊國訂有盟約,或許可以拜託他們……

等他們過來,鄭國早就完了,嗚……

我看公子元急於求成,又特別害怕失敗。我有一計,可退楚軍。

太好了!

這仗我們戰績如何？

攻進一里地，佔了兩個山頭。

好！快傳捷報回國去！

這也要報……

等我攻下了鄭國，就可以得到美人了。

鄭國

大家準備好了，現在開始心理質素大測試！

啊！！

淘汰！

淘汰！

啊！！

讓傻子們去掃城門吧。

基本上只剩下聾子、瞎子和傻子了。

這次我方損失再大，也要滅了鄭國！

真的沒有問題嗎？

可以了。

好！開城門！

放心。

反正是聽天由命了。

喂！

大家小心！準備迎戰……

難道是城中有埋伏，誘我中計？

果真有伏兵！

他們會上當嗎？

很難說……

你們以為這樣就能嚇退我了嗎？

城門口的百姓，不想送死的，就閃開！

當我們的歌聲停止的時候⋯⋯

怎麼樣？

就是換唱下一首歌的時候。

廢話⋯⋯

這座城十分詭異，我們不能輕舉動！

報！齊國聯合了魯國和宋國，帶兵來救鄭國了！

啊？援兵到了？

那就更難對付了。我們還是見好就收，撤了吧。

嗯！

鄭人聽着！今天天氣不好，我們改日再戰！

萬里無雲啊，天氣不好嗎？

他們回營後，怎麼就沒動靜了？

公子元也給我們用了個空城計。我看他們已經撤走了，不然軍營上空怎麼會有飛鳥盤旋呢？

是……

你去試探一下！

叔詹大人果真是神機妙算！

撤，也要撤得有個性。

這叫狼狽……

大家，鄭國的危機已經解除了！

鄭

運撤退都要抄襲對方的計謀，真是沒出息！

這個逃跑計謀，真的是我自己想出來的啊……

這是中國歷史上第一個使用「空城計」的戰例。

　　「空城計」其實就是敵我雙方的心理戰，在敵盛我虛之時，一定要充分掌握對方主帥的心理和性格特徵，切記不可輕易出此險招。況且，此計在多數情況下，只能當作緩兵之計，還得防止敵人捲土重來。所以，要救危局，還是要憑真正的實力或外交斡旋。

　　運用「空城計」這個計謀的關鍵在於：

　　其一，「空城計」是多用在防守中的戰術，利用「假」和「騙」的策略，迷惑敵人。其實這是一種賭博。

　　其二，既能在己方空虛時使用，也可在己方有實力時假裝勢弱，誘敵深入，繼而殲滅敵人。

　　其三，不到萬不得已不要使用「空城計」，因為這種賭博式的戰術往往是在特定時間、環境內的最後一招，只能作為緩兵之計來用。

李廣的空城計

讀完這個故事，也許你會感到很驚訝，原來並不只有《三國演義》小說裏的諸葛亮會使用空城計，歷史上有幾位重要的人物都曾用空城計退敵，其中飛將軍李廣的空城計也是史上絕妙的一筆。

西漢時期，北方匈奴勢力日益強盛，不斷興兵進犯中原。漢景帝派一名宦官跟隨飛將軍李廣訓練軍隊，抵擋匈奴。一天，宦官帶領十幾個騎兵，遇到了三個匈奴。騎兵都被匈奴射死，宦官帶傷逃回。李廣知道這事後大怒，帶領一百多名騎兵追擊匈奴，射死兩名，活捉一名。正準備回營時，李廣發現上千名匈奴騎兵飛奔而來。李廣帶領將士繼續前進，在離敵軍只有幾里遠的地方，下令所有將士下馬，卸下馬鞍，原地休息，悠閒地看着馬兒吃草。

匈奴派出騎兵前來察看，李廣立即上馬，一箭射殺騎兵，然後回到原地繼續休息。匈奴見此情景，以為附近有伏兵。晚上，李廣這邊仍沒動靜，匈奴恐怕遭大部隊襲擊，只好驚慌逃跑了。

反間計

❖【原文】疑中之疑。比之自內，不自失也。

❖【解析】在敵方布下的疑陣中反設疑陣，利用在敵營內巧設間諜的計策去爭取勝利，我方就不會有什麼損失。

❖【案例】三國時，赤壁之戰前夕，魏、吳大軍隔江對峙。曹軍本來不善水戰，在水戰中數次失利。但吳國都督周瑜發現，曹操手下來了兩員精通水戰的降將。怎麼才能阻止他倆幫曹軍訓練水軍？適逢曹軍謀士蔣幹拜訪周瑜，意圖勸降。周瑜借此機會，讓蔣幹得到一封假書信，上面寫着那兩員降將正密謀勾結東吳……蔣幹火速趕回向曹操稟報此事，曹操果然發怒，殺掉了他最好的兩個水軍教頭。

曹操

三國中魏國的實際開創者，在位時未稱帝，後被其子曹丕追封為「魏武帝」。

蔣幹

三國時期的一位名士，與周瑜曾是同學。

周瑜

三國時期東吳名將，被稱為「周郎」，率領吳軍與劉備聯合，在赤壁之戰以少勝多擊敗曹操。

曹操

蔣幹

周瑜

東漢末年，赤壁大戰前夕，曹操、孫權大軍隔江對峙。

我們這麼近觀察敵人，要是他們殺出來怎麼辦？

放心，他們都是北方騎兵，不善水戰的。

聽說曹操率八十萬大軍前來⋯⋯

我們才十萬人馬，幸好曹兵不善水戰。

周瑜又來窺探我軍了！

曹軍

106

別讓他跑了!

是!

他們追出來了!

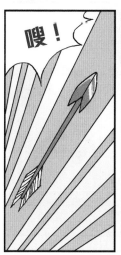

嗖!

💀!!

快走!

曹軍怎麼也有這麼厲害的水師?!

曹操手下新來了兩員精通水戰的降將——蔡瑁和張允。

有這兩人幫曹操訓練水師、安排水陣,我們就麻煩了!

把船槳給我!

早晚要除掉這兩個心腹大患。

?!

逃得還真快……

可惡,周瑜三天兩頭來刺探軍情,我也要刺探一下他才是。

我和周瑜曾同窗讀書,我願意去刺探一回東吳的軍情。

好。

蔣幹

子翼,多時不見!

公瑾,多時不見!

你這個時候來,怕是想刺探我方軍情吧?

你想到哪兒去了,我是來和你敘舊的。

108

我開玩笑的，已經準備好宴席了，快請！

這位是我的同窗好友，不是曹操的說客，大家不要有疑心。

你們東吳和我們……

今天宴席只准敍舊，提起兩家戰事的，即席斬首！

公瑾真是好酒量！

來，乾杯……

這幫笨蛋，讓他們往酒裏摻水，沒想到是往水裏摻酒，一點兒味道沒有。

時候不早了，能否安排我就寢了呢？

我們多年不見，你今天就和我同牀睡吧！

這……

我是怕你和他們一起睡，會被欺負啊！

我們來個徹夜……
長談……

我這算是白來一趟了！

咦？

公瑾，你睡了嗎？

這是蔡瑁、張允寫給周瑜的降書啊！

將軍！

這降書是真的嗎？

江北有人來⋯⋯

噓！出去說！

子翼！

呼嚕——

這事假不了！

讓他們儘快找機會⋯⋯

蔡瑁、張允說，暫時還不能⋯⋯

喔喔喔！！！

大發現啊，大發現！

快划！我有要事向丞相匯報！

曹操處

蔡瑁、張允,你們私通東吳!

冤枉啊!

這信一定是周瑜假造的!

我聽得清清楚楚,你們想謀害曹丞相!

拖下去,斬!

啊!

啊!

等等,我反應過來了……

蔡瑁、張允早就有異心,幸好我發現得早。

這是周瑜的計,你把我最好的兩個水軍教頭害死了!!

啊?!

周瑜成功地運用了反間計,讓曹操誤殺了手下的兩員大將,以致赤壁一戰曹軍大敗。

　　採用「反間計」的關鍵是「以假亂真」。造假要造得巧妙，造得逼真，才能使敵人上當受騙，信以為真，做出錯誤的判斷，採取錯誤的行動。

　　運用「反間計」這個計謀的關鍵在於：

　　其一，對於任何來自間諜的情報，都不要絕對相信。

　　其二，如果我方內部有敵人的間諜是很危險的，必須儘快除掉。「反間計」大多是在一種特殊的情況下「將計就計」。用計者需要有十足把握的情況下經過心思熟慮，利用間諜來發放對我方有利的消息。

苦肉計

❖【原文】人不自害，受害必真；假真真假，間以得行。童蒙之吉，順以巽也。

❖【解析】人一般都不會自我傷害，自我傷害必定會被認為是真實的。我方把自我傷害偽裝得像真的遭受了別人殘害一樣，敵人就會信以為真，這樣就能達到離間的目的了。好比是不懂事的孩子單純幼稚，順着他的脾氣逗着他玩耍，就可以輕易控制他了。

❖【案例】春秋時，吳國公子姬光刺殺了吳王僚，自立為王，即吳王闔閭（粵音合雷）。闔閭擔心吳王僚的兒子慶忌為父報仇，整天坐臥不寧。於是，他請勇士要離去刺殺慶忌。要離要求闔閭殘忍地砍斷他的手臂，殺死他的妻兒，以取得慶忌的信任。要離接近了慶忌謊稱自己遭闔閭迫害，成功得到慶忌的信任。終於，他找到了刺殺慶忌的時機……

春秋時期吳王僚的兒子，力氣很大，勇猛過人，遭刺客要離刺殺身亡。 **慶忌**

春秋時期吳國有名的刺客，採用苦肉計成功刺殺慶忌，而後自刎。 **要離**

本為楚國人，後父兄被楚平王殺害，隻身逃往吳國，協助吳王闔閭即位，並率領吳軍攻入楚國，報了大仇。 **伍子胥**

吳國國君，在位期間任用伍子胥、孫武等賢才，使得吳國日益強盛。 **闔閭**

春秋時期，闔閭刺殺了吳王僚，奪得皇位。他擔心吳王僚之子會來尋仇，整日坐臥不寧……

我給你推薦的勇士要離來了。

闔閭

伍子胥

不要殺我！

慶忌一天不死，我就一天不得安寧啊。

你這麼敏感啊？

對啊！慶忌現在招兵買馬，隨時可能殺回吳國，奪取皇位……

如果不除掉他，一場大戰在所難免。

117

他是吳國第一勇士，誰能夠殺得了他呢？

我。

先生果然也很神勇，快站起來讓我看看！

我已經站起來啦！

憑你這身材……沒問題嗎……

刺殺慶忌，要靠智不靠力，只要能接近他，事情就好辦。

你有什麼妙計，快說，我一定照辦！

只要大王砍斷我的右臂，殺掉我的妻兒，我就能取信於慶忌。

我怎麼能無緣無故地對你這麼殘忍呢？

為國亡家，為主殘身，我心甘情願。

只是，還差一個理由啊。

這好辦。

有人傳言，闔閭弒君篡位，是無道昏君啊！

噓！吳王正下令追查，說這些要被殺頭的！

要離散布流言，辱罵吳王，吳王已下令誅殺要離全家，並斷其右臂！

有誰知道還有哪些人是要離的同謀？不得隱瞞！

我們不知道……

你們都出去吧。

現在全看先生的了。

可以了嗎？

於是，要離去找慶忌……

闔閭斷我手臂，殺我妻兒，此仇不共戴天！

這事是真的嗎？

吳國上下都在傳呢，假不了！

好，既然你我都要找闔閭報仇，我們聯起手來怎麼樣？

這正是我來的目的！

要離苦練本領三個月。

120

嘿！！

嗚嘩！！

好，好厲害！

先生雖然少了一條手臂，功力卻是絲毫不減，瞬間就能置人於死地啊！

哪裏哪裏，你是吳國第一勇士啊！

時機成熟，我已經準備好出兵攻打吳國了。

好，讓闔閭血債血償！

慶忌帶着要離乘船向吳國進發。

這次出兵吳國有你幫忙，真是天助我也！

我也很敬佩你的勇武和為人，但為了吳國百姓，我必須做一件事。

你有什麼心願，我幫你完成便是！

就是這件事！！

你……

殺死他！！

我自己來！

要離是天下罕見的勇士，怎麼可以一天殺死兩個天下勇士呢！還是放他回國吧……

咳，咳……多謝成全！

將軍！！

吳國

先生立了大功，要什麼賞賜儘管説！

我殺慶忌是為了百姓安寧，現在我家毀身殘，只想一死而已。

來人，厚葬要離！

要離為了百姓不受戰亂之苦，使用「苦肉計」殺了慶忌，其人其事深受後人推崇。

要離之墓

124

　　吳王利用了小人物要離的自我犧牲精神，達到了消滅政敵慶忌的目的。需要説明的是，吳王代表的並不是正義的方面，而是在政治鬥爭中處於輿論劣勢的方面（否則他也不會害怕慶忌），所以可以看出他是十分陰毒殘忍的。要離為了報答吳王的知遇之恩，不惜犧牲自己的一切；現在看來是很不人道的，但他的行為在客觀上遏止了吳國即將爆發的內戰，所以無論如何要離也算是一位俠士。

　　運用「苦肉計」這個計謀的關鍵在於：

　　其一，用計的人必須遭受嚴重的迫害，才能博取對方的同情和信任，以混入對方的陣營。

　　其二，對於來歷不明的亡命之徒或死士，一定不要放鬆警惕，毫無防備，也許這正是對方的「苦肉計」，應該發現一個除掉一個，發現一幫除掉一幫。

周瑜打黃蓋

一天，蔡中、蔡和兩兄弟受曹操差使，來到周瑜大營詐降。聰明的周瑜來了個將計就計，接待了他們兩位。一天深夜，老將軍黃蓋來到周瑜的帳內，提議用火攻破曹。周瑜也正有此意，説可以利用前來詐降的蔡氏兄弟給曹操報信，詐降曹操，前提是軍中將領得受一點皮肉之苦。黃蓋當即表示甘願受重刑。

第二天，周瑜召集諸將，做攻曹的作戰準備，而黃蓋竟然説出了投降的話，説得振振有詞。這可把周瑜氣壞了，於是下令將黃蓋斬首示眾，在場的將士紛紛跪下求情。看在眾人的面子上，周瑜命令將士狠狠地杖責黃蓋。黃蓋被打得皮開肉綻，昏過去好幾次。

事後，黃蓋托密友闞澤給曹操帶去詐降書信，曹操接到詐降書信後也收到了蔡氏兄弟送來的周瑜怒杖黃蓋的密報。之後，闞澤又使人給曹操送去密信，進一步約定了黃蓋來降時的暗號和標識，曹操對此深信不疑。後來，黃蓋按約降曹，他率領船隻在離曹操的水軍不遠的地方開始點火，將曹操的戰船全部燒毀。

連環
計

❖【原文】將多兵眾，不可以敵，使其自累①，以殺②其
勢。在師中吉，承天寵也。

❖【解析】① 自累：自相拖累、自相鉗制。② 殺：減弱、
削弱。

敵軍兵強勢大，不能與之硬拼，應當設法使他們
互相拖累，自相鉗制，借以削弱敵方的實力。主
帥若能巧妙運用計謀，克敵制勝，就如同天神相
助一般。

❖【案例】東漢末年，太師董卓專權。大臣王允想要刺殺
他，但董卓的保鏢──武功高強的義子呂布，幾
乎無人能敵……為此，王允想了一個計策。他把
自己的義女貂蟬先許配給呂布，但隨後又把她嫁
給董卓，挑起了這兩人間的矛盾，再趁呂布在氣
頭上，慫恿他謀反。於是，呂布「大義滅親」，
親手刺殺了董卓……

人物

王允

東漢末年的大臣，因不滿董卓篡權，聯合呂布鏟除了董卓。

呂布

東漢末年名將，原為董卓部下，被董卓收為義子，後與王允一起設計刺殺董卓。

董卓

東漢末年西涼軍閥，後帶兵入洛陽掌控朝中大權，生性殘忍，倒行逆施，招致羣雄聯合討伐後，燒毀洛陽，西入長安。

貂蟬

中國古代傳說的美女，為王允的義女，後成功破壞了董卓和呂布的父子關係。

呂布

王允

貂蟬

東漢末年，太師董卓專權，朝野上下敢怒不敢言。

哈！哈！

太師，我再敬你一杯！

董卓

那個就是太師的義子呂布，不僅長得帥，武功更是高強，是他乾爹最重要的保鏢。

哦！

王允

呀！拿命來！

張溫

啊！！！

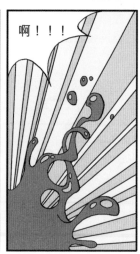

哼哼哼！！

張溫想謀害我，這就是他的下場。

哈哈哈！來來來，大家繼續喝！

董卓真是殘忍至極！

唉！我們這些忠良早晚會死在董卓手裏。

王允

要除董卓，必先離間他和呂布的關係。

義父，最近愁眉不展，是否有什麼不順心的事？

女兒啊，我有事求你！

有什麼事義父儘管吩咐！

我想把你許配給呂布。

啊……

然後再送給董卓！這樣他們父子一定會鬧矛盾！

只有用這條連環計才能除掉董卓，為了黎民百姓，只能委屈你了！

義父快起來，我……答應……

於是，王允請呂布來喝酒，待到酒酣之時……

你說有什麼好東西要給我看？

王大人，你這是想害死我啊！

過兩天我就派人把我義女送到將軍府上去。

多謝大人！

第二天……

王允，喊我來是有美女要送我？

你怎麼知道？

董卓

我在門外就聞到了。

真是好色到極點了……

這是我的義女，太師覺得如何？

太、太、太漂亮了！

我想把她獻給太師，不知道你肯接納嗎？

太急了點吧……

你馬上隨我回府吧！

133

哎喲！

呂布！

將軍有話好好說啊！

你這老賊敢戲弄我？！

你說要把貂蟬許配給我，怎麼又送給了董卓？

唉，太師正是聽說了這件事，今天特意來把貂蟬搶了去啊！

老賊欺我太甚！

董卓還搜刮民財，百姓怨聲載道……

大道理我聽不懂，我只想奪回我的女人。

既然目標一致，那我們就一起除掉他吧！

全聽大人安排！

美人，你看我威風嗎？

強盜！

奸臣！

奉先，這些擋路的兵是怎麼回事？

奉先，你這是要幹什麼？

哼，你……

他犯了何事？

欺壓百姓，殘暴至極！

對對，我這是替別人行道！

是替天行道……

我是你乾爹啊！

老賊，受死吧！

誰是你兒子，你奪我所愛，有把我當兒子看待了嗎？

我今天就要大義滅親！

啊！

殺得好！

美人，我剛才威風吧？

王允使用「連環計」，借董卓的勢力滅了董卓。

　　王允殺害董卓的計謀環環相扣，步步為營。其實王允的「連環計」也可以理解為利用美女貂蟬，設計使董卓陣營中最強勢的兩個人物董卓和呂布互相仇恨，自相殘殺，最終得手。中間的「環」就是因貂蟬而產生的仇恨。

　　運用「連環計」這個計謀的關鍵在於：

　　其一，連環使計，多計並用，計計相連，環環相扣，一計累敵，一計攻敵，任何強敵，攻無不破。

　　其二，弱者可利用對方內部或強者之間互相猜忌、提防和分贓不均等矛盾，進行分化瓦解。

張儀妙用連環計

戰國時，楚國聯合齊國抵禦秦國，為此，秦惠王十分擔憂。相國張儀想出一條計策：游説楚王，離間楚國與齊國的關係。秦惠王同意張儀的計策，並派他出使楚國。

楚王早就聽説張儀是一個很有才華的人，就召見了他。張儀對楚王説：「如今，秦、齊、楚三國最為強勢，如果秦齊聯盟，則齊強楚弱；如果秦楚聯盟，則楚強齊弱。如果你願意只與我國聯盟，秦王願意歸還商鞅奪取楚國商於的六百里地。」楚王聽了，非常高興，不顧大臣反對，一面派人去秦國受地，一面派人去齊國宣布絕交。

使臣來到了秦國時，張儀故意從馬上摔下來，借故閉門養傷。使臣等了三個多月，受地之事毫無動靜，就寫信給楚王。楚王以為秦國嫌楚國與齊國斷絕關係不夠堅決，於是派人去齊國辱罵齊閔王，表示與齊國徹底斷絕關係。齊王一怒之下與秦國交好，攻打楚國。

張儀知道離間齊楚成功後，便約見楚國使臣，説：「我答應把我的六里封地給楚國，商於六百里地，是經過千征百戰得來的，秦王是不可能同意的。」使臣終於反應過來，原來這是張儀設下的連環計啊！

走為上

❖【原文】全師①避敵。左次②無咎，未失常也。

❖【解析】① 師：指軍隊。② 左次：退避。

為了保全自己的實力，可以暫時退卻，避開敵
人。這種以退為進的軍事策略，並不違背正常的
用兵法則。

❖【案例】公元前203年，漢王劉邦被項羽大軍困在滎陽。
當時城內糧草短缺，城外敵軍圍困。劉邦與項羽
講和不成，便假裝投降，命令兩千多女子出東門
吸引項羽軍注意，並讓將軍紀信假扮漢王乘王駕
出東門。劉邦本人則換上便衣，帶着一些人從西
門逃走了。

劉邦

出身於平民，秦末大亂時與項羽一同起兵推翻暴秦，後又打敗項羽，建立西漢王朝。

項羽

秦末農民起義的領袖，滅秦後自立為「西楚霸王」，在與劉邦的爭鬥中兵敗自殺。

紀信

劉邦部下，跟隨劉邦起兵，榮陽被圍時為掩護劉邦撤退而假扮劉邦，後被項羽俘虜並被處死。

楚漢爭霸時，劉邦被困在滎陽。

給我圍起來打！

項羽

城內缺糧，朝不保夕，漢王還是快走吧！

城已經被團團圍住，難道要挖地道逃跑嗎？

將軍紀信

劉邦

難道是上天要幫助漢王！

別讓劉邦跑了！

漢王，我想到一個辦法可以助你脫身……

這下如何是好？

啊！那你豈不是……

用我的命換漢王的命，值得！

還沒到時間，漢王不必着急脫……

劉邦終於投降了？

項羽

降書

城中糧草已盡，漢王明天凌晨就帶百姓出東門投降。

好！我等着他！

給我好好守住東門，
別讓劉邦趁亂跑了！

漢王，兩千名婦女
帶到！

楚軍大部分已向
東門集結。

好！是時候了。

嘻嘻嘻嘻……

將軍……

漢王……

他們出來了！

榮陽

全軍戒備！
以防有詐！

項羽

楚

西城門內

外面好像還是
有守兵。

聽說東門有好多
美女看。

我們也去吧？

他們走了，快溜！

漢王？

其實我也挺想去看看的……

漢

漢王，保命要緊！

怎麼越來越不像樣了。

快，抓起來！

果然有人混在裏面！

你在看什麼熱鬧呢？！

你們還有完沒完了？！

快了，還有八百個。

劉邦，你想拖延時間嗎？好，我等！

快，打起精神來！

最後一批！

慘不忍睹啊！

嘩，太醜了。

穩住！穩住！

快，截住！

漢王到！

呼！終於抓到劉邦了！

他肯定會被拉去砍頭。

你是何人，敢冒充漢王？

我乃大漢將軍紀信。

漢王在哪裏？

真沒趣，早知道就守在西門不過來了。

啊！西門……

漢王早就從西門逃離滎陽城了。

給我燒！

項羽，你多行不義，必為漢王所擒！

這場仗可真是兇險啊！

三十六計，還是走為上策啊！

劉邦的「走為上」，為日後打敗項羽、建立漢朝保存了實力。

　　在敵強我弱的形勢下，將軍紀信審時度勢，假扮劉邦投降，讓劉邦逃跑，以保存實力，日後東山再起，這確實是謀略中的上策。而「走為上」計中的「走」也是有學問的，是要有計劃地主動撤退，走得巧，走得妙，並不是一走了之、溜之大吉，更不能錯誤地理解為這是逃避。

　　古話說得好：留得青山在，不怕沒柴燒。「走為上」計表面上來看是逃離戰場，避免同敵人正面交鋒，屬無為之舉，其實此計包含着很多積極的作用，避免決戰，誘進分敵，變換環境，拖垮敵人。

　　運用「走為上」這個計謀，需注意以下兩點：

　　一、要「走」得有序，不要慌亂。

　　二、謀劃周密，尋找空隙，防止跟蹤。

漫畫三十六計（下）

編　　繪：洋洋兔
責任編輯：胡頌茵
美術設計：陳雅琳
出　　版：新雅文化事業有限公司
　　　　　香港英皇道 499 號北角工業大廈 18 樓
　　　　　電話：（852）2138 7998
　　　　　傳真：（852）2597 4003
　　　　　網址：http://www.sunya.com.hk
　　　　　電郵：marketing@sunya.com.hk
發　　行：香港聯合書刊物流有限公司
　　　　　香港荃灣德士古道220-248號荃灣工業中心16樓
　　　　　電話：（852）2150 2100
　　　　　傳真：（852）2407 3062
　　　　　電郵：info@suplogistics.com.hk
印　　刷：中華商務彩色印刷有限公司
　　　　　香港新界大埔汀麗路 36 號
版　　次：二〇二〇年八月初版
　　　　　二〇二二年九月第三次印刷

ISBN: 978-962-08-7569-4
Traditional Chinese edition © 2020 Sun Ya Publications (HK) Ltd.
18/F, North Point Industrial Building, 499 King's Road, Hong Kong
Published in Hong Kong, China
Printed in China